shkolla - ቤት-ትምህርቲ 2
udhëtim - መገሻ 5
transport - መጓዓዝያ 8
qytet - ከተማ 10
peisazh - ስእሊ. መሬት 14
restorant - ቤት-መግቢ 17
supermarket - ሱፐርማርኬት 20
pije - መስተ 22
ushqim - መግቢ 23
fermë - ቤት ሕርሻ 27
shtëpi - ገዛ 31
dhomë ndenjeje - ክፍሊ. ምቕማጥ 33
kuzhinë - ክሽነ 35
tualet - ክፍሊ. ባንዮ 38
dhomë fëmijësh - ክፍሊ. ቆልዑ 42
veshje - ክዳን 44
zyrë - ቤት ጽሕፈት 49
ekonomi - ቁጠባ 51
profesionet - ሞያታት 53
mjete - ናውቲ 56
instrumenta muzikorë - መሳርሒ. መዚቃ 57
kopsht zoologjik - መካነ እንስሳታት 59
sportet - ስፖርት 62
aktivitet - ንጥፈታት 63
familje - ስድራቤት 67
trupi - ኣካላት 68
spital - ሆስፒታል 72
emergjencë - ህጹጽ ኩነት 76
toka - ምድሪ 77
orë - ሰዓት 79
javë - ሰሙን 80
vit - ዓመት 81
forma - ቅርጻታት 83
ngjyra - ሕብርታት 84
të kundërta - ኣንጻራት 85
numra - ቁጽርታት 88
gjuhët - ቋንቋታት 90
kush / çfarë / si - መን / እንታይ / ከመይ 91
ku - ኣበይ 92

Impressum
Verlag: BABADADA GmbH, Nedderfeld 112 , 22529 Hamburg
Geschäftsführer / Verlagsleitung: Harald Hof
Druck: Books on Demand GmbH, In de Tarpen 42, 22848 Norderstedt

Imprint
Publisher: BABADADA GmbH, Nedderfeld 112 , 22529 Hamburg, Germany
Managing Director / Publishing direction: Harald Hot
Print: Books on Demand GmbH, In de Tarpen 42, 22848 Norderstedt, Germany

shkolla

ቤት-ትምህርቲ

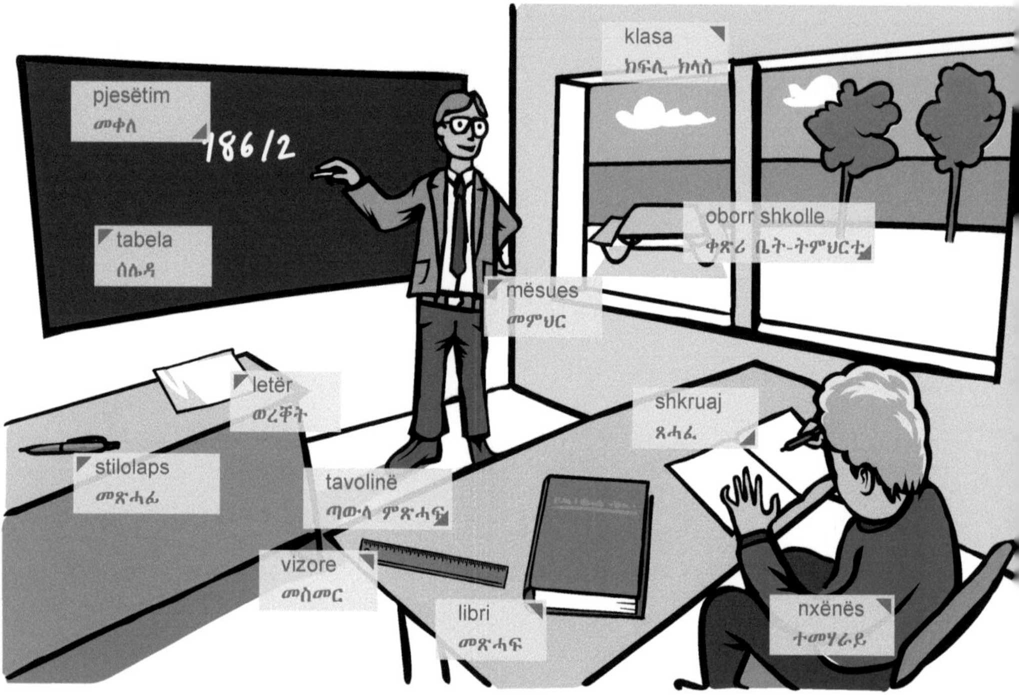
klasa
ክፍሊ ክላስ
pjesëtim
መቐለ
186/2
tabela
ሰሌዳ
oborr shkolle
ቀጽሪ ቤት-ትምህርቲ
mësues
መምህር
letër
ወረቐት
shkruaj
ጸሓፈ
stilolaps
መጽሓፊ
tavolinë
ጣውላ ምጽሓፍ
vizore
መስመር
libri
መጽሓፍ
nxënës
ተመሃራይ

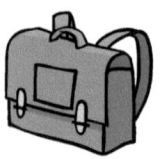

çantë
....
ሳንጣ ትምህርቲ

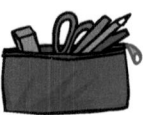

mbajtëse lapsash
....
ሰፈር ብርዒ

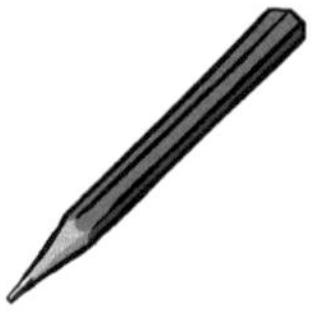

laps
....
ርሳስ

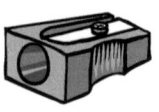

mprehës lapsash
....
መብልሒ ርሳስ

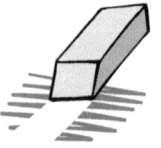

gomë
....
መደምሰሲ

fletore vizatimi
....
ጥራዝ ስእሊ

vizatim

ስእሊ

penel

ብርዒ ቀለም

kuti bojërash

ቦክስ ቀለም

gërshërë

መቐስ

ngjitës

መጣበቒ

fletore detyrash

ጥራዝ መላመዱ

detyrë shtëpie

ዕዮ ገዛ

numër

ቁጽሪ

mbledh

መሰኸ

zbres

ጎደለ

shumëzoj

ረብሐ

llogaris

ደመረ

gërmë

ፊደል

ABCDEFG
HIJKLMN
OPQRSTU
VWXYZ

alfabeti

ስርዓት ፊደላት

fjalë

ቃል

tekst

ጽሑፍ

lexoj

አንበበ

shkumës

ኩርሽ

mësim

ሰዓት

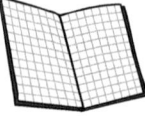
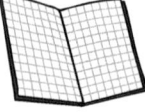

regjistër

መዝገብ ክላስ

provim

መርመራ

çertifikatë

ሰርቲፊከት

uniformë shkolle

ድቢዛ ቤት-ትምህርቲ

arsimim

ትምህርቲ

enciklopedia

ለክሲኮን

universitet

ዩኒቨርሲቲ

mikroskop

ሚክሮስኮፕ

hartë

ካርታ

kosh letrash

ጎሓፍ ወረቓት

udhëtim
መገሻ

hotel
መቐበሊ ኣጋይሽ
Grand
bujtinë
ሆስተል
ROOMS
pikë këmbimi valutor
ቦታ ቅያር ገንዘብ
valixhe
ባሊጃ
makinë
መኪና

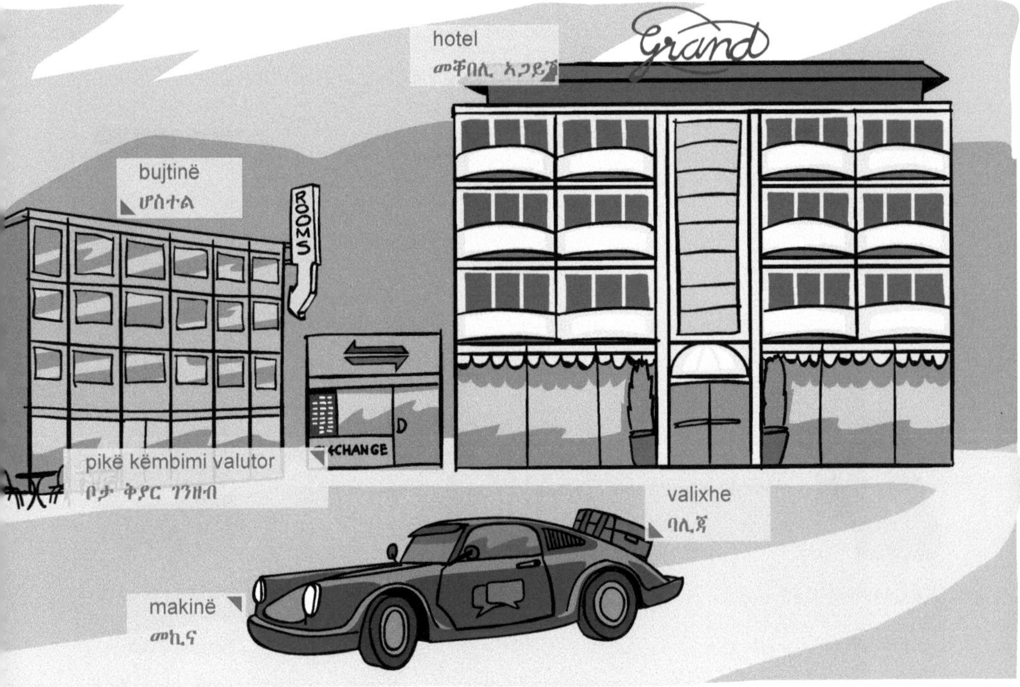

gjuhë
ቋንቋ

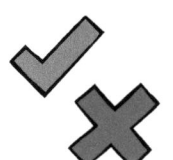

po / jo
እወ / ኖ

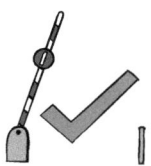

Në rregull
ሕራይ

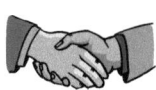

ç'kemi
ሰላም

përkthyes
ኣስተርጓሚ

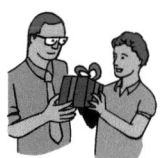

Faleminderit
የቐንየለይ

sa kushton…?

. . . ክንደይ ዋግኡ?

nuk e kuptoj

አይተረድአኹን

problem

ሽግር

Mirëmbrëma!

ሰላም ምሸት!

Mirëmëngjes!

ከመይ ሓዲርካ

Natën e mirë!

ሰላም ለይቲ

mirupafshim

ደሓን ኩን

drejtim

አንፈት

bagazhet

ጉዓዝ

çantë

ሳንጣ

çantë shpine

ሳንጣ ሕቖ

mysafir

ጋሻ

dhomë

ክፍሊ

thes gjumi

ክሻ መደቐሲ

tendë

ቴንዳ

informacion për turistët

ሓበሬታ በጻሕቲ ሃገር

plazh

ገምገም ባሕሪ

kartë krediti

ክሬዲት ካርድ

mëngjes

ቁርሲ

drekë

ምሳሕ

darkë

ድራር

Biletë

ቲከት

ashensor

ሊፍት

pulla

ማሕተም ደብዳበ

kufi

ዶብ

doganë

ድንና

ambasadë

ኣምበሲ

vizë

ቪዛ

pasaportë

ፓስፖርት

transport

መጓዓዝያ

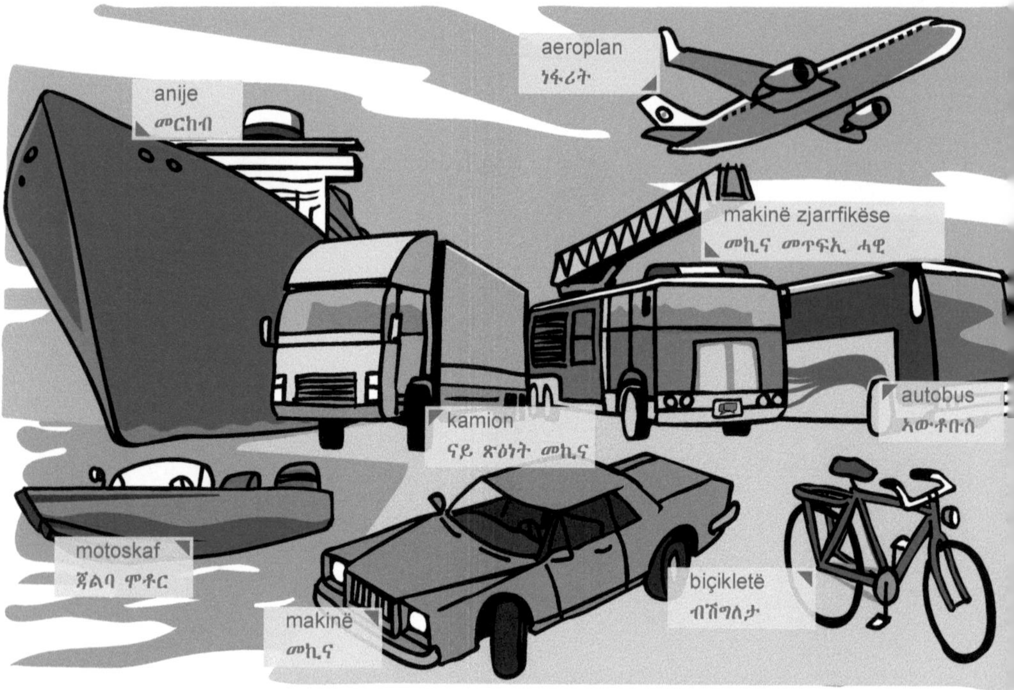

anije
መርከብ
aeroplan
ነፋሪት
makinë zjarrfikëse
መኪና መጥፋኢ ሓዊ
autobus
ኣውቶቡስ
kamion
ናይ ጽዕነት መኪና
motoskaf
ጀልባ ሞቶር
biçikletë
ብሽግለታ
makinë
መኪና

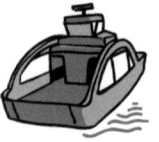

traget

ፈሪ

varkë

ጀልባ

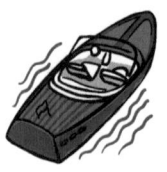

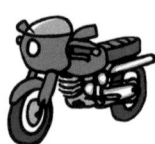

motoçikletë

ሞቶ

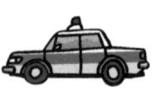

makinë policie

መኪና ፖሊስ

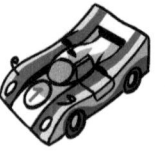

makinë garash

መኪና ቅድድም

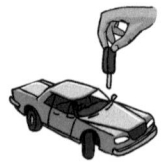

makinë me qira

ክራይ መኪና

darje e qirasë së makinës
ምውፋይ መካይን

karroatrec
መወሰዲ መኪና

makinë plehrash
መኪና ጎሓፍ

motor
ሞቶር

benzinë
ነዳዲ

pikë karburanti
እንዳ ነዳዲ

sinjalistikë trafiku
ምልክት ትራፊክ

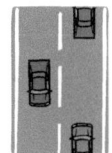

trafik
ትራፊክ

bllokim trafiku
ምጭቕጫቕ ትራፊክ

parkim makinash
መዕሸጊ መኪና

stacion treni
መዕረፊ ባቡር

trase
ሓዲግ

tren
ባቡር

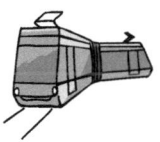

tramvaj
ትረም

karro
ባጎኒ

transport - መጓዓዝያ

9

helikopter

ሄሊኮፕተር

aeroport

መዓረፈ ነፈርቲ

kullë

ታወር

pasagjer

ተጓዓዚ

kontenier

ኮንተይነር

kuti kartoni

ሳንዱቅ ካርቶን

qerre

ኮርሳ ጽዕነት

shportë

ዘንቢል

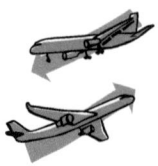

ngrihem / ulem

ተበገሰ / ዓለበ

qytet

ከተማ

fshat

ቀሽት

qendra e qytetit

ማእከል ከተማ

shtëpi

ገዛ

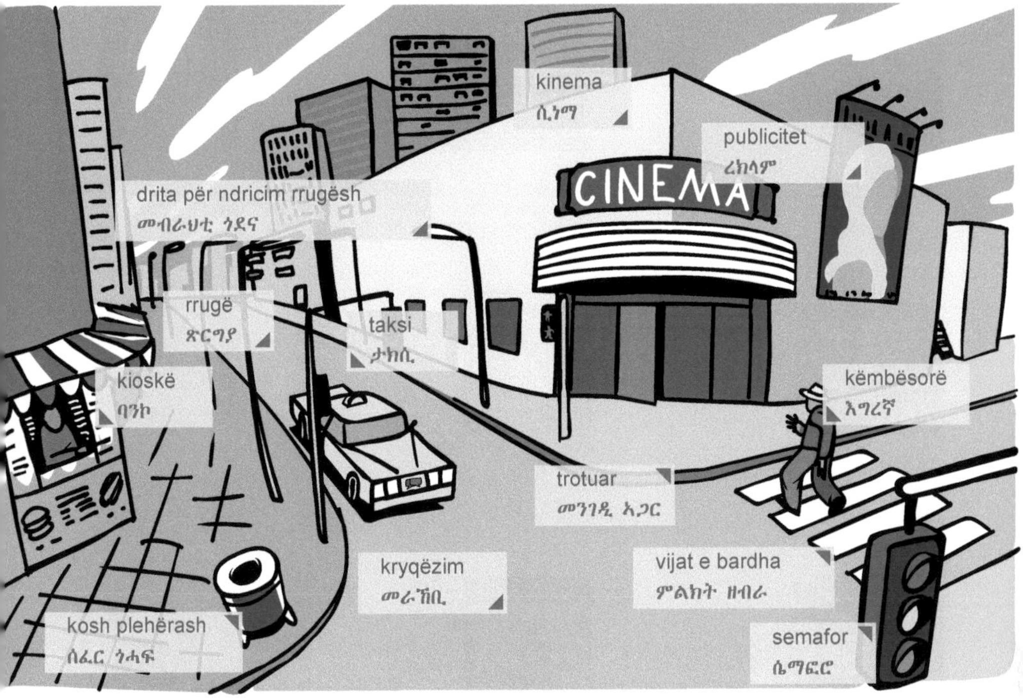

kinema
ሲነማ
publicitet
ረክላም
CINEMA
drita për ndricim rrugësh
መብራህቲ ጎደና
rrugë
ጽርግያ
taksi
ታክሲ
kioskë
ባንኮ
këmbësorë
እግረኛ
trotuar
መንገዲ ኣጋር
kryqëzim
መራኸቢ
vijat e bardha
ምልክት ዘብራ
kosh plehërash
ሰፈር ጎሓፍ
semafor
ሴማፎሮ

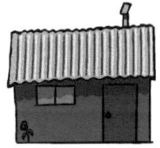

kasolle

ኣጕዶ

apartament

ኣፓርትመንት

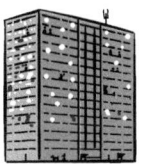

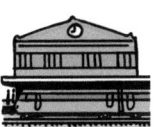

stacion treni

መዕረፊ ባቡር

bashki

ቤት ምምሕዳር

MUSEUM

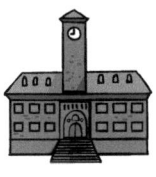

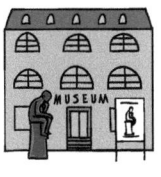

muze

ቤተ መዘክር

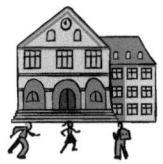

shkolla

ቤት-ትምህርቲ

universitet

ዩኒቨርሲቲ

bankë

ባንክ

spital

ሆስፒታል

hotel

መቆበሊ አጋይሽ

farmaci

ቤት መድሃኒት

zyrë

ቤት ጽሕፈት

librari

ዱኳን መጽሓፍቲ

dyqan

ዱኳን

dyqan lulesh

ዱኳን ዕንባባ

supermarket

ሱፐርማርከት

market

ዕዳጋ

mapo

ሹቅ

dyqan peshku

ነጋዳይ ዓሳ

qëndër tregtare

ሹቅ

port

መርሳ

park

መዘናግዒ

stol

ባንኪ

urë

ድልድል

shkallë

መደያይቦ

metro

ባቡር ትሕቲ ምድሪ

tunel

ቢንቶ

stacion autobuzi

መዐረፊ አውቶቡስ

bar

ቤት መስተ

restorant

ቤት-መግቢ

kuti postare

ሳታሪት

sinjalistikë rrugore

ታቤላ

kohëmatës parkimi

ሰዓት ፓርኪንግ

kopsht zoologjik

መካነ እንስሳታት

pishinë

መሓምበሲ

xhami

መስጊድ

fermë

ቤት ሕርሻ

ndotje

ብክለላ

varrezë

መቓብር

kishë

ቤተክርስትያን

shesh lojërash

ቦታ ምጽዋት

tempull

ቤት መቕደስ

peisazh

ስእሊ መሬት

gjethe
ኣቝጽልቲ

tabela orientuese
መሕበሪ መገዲ

rrugë
መገዲ

livadh
ሸኻ

ekskursionist
ኮብላሊ

gurë
እምኒ

pemë
ኣግራብ

lumë
ፈለግ

bar
ሳዕሪ

lule
ዕንባባ

luginë

ስንጭሮ

kodër

ኮቦ

liqen

ቀላይ

pyll

ዱር

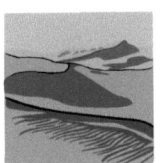

shkretëtirë

ምድረ በዳ

vullkan

እሳተ-ጎመራ

kështjellë

ግምቢ

ylber

ቀስተ-ደመና

kepudhë

ቃንጥሻ

palmë

ዓርኮብኮባይ

mushkonjë

ጣንጡ

mizë

ሃመማ

milingonë

ጻጻ

bletë

ንህቢ

merimangë

ሳሬት

brumbull

ሕንዚዝ

bretkosë

ዕንቅርያብ

ketër

ምጽጹላይ

iriq

ቅንፍዝ

lepur

ማንቲለ

buf

ጉንጓ

zog

ጭሩ

mjellmë

ስዋን

derr i egër

መፍለስ

dre

ዓጋዘን

dre brilopatë

ሙስ

digë

ግድብ

turbinë ere

ተርባይን ንፋስ

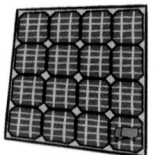

panel diellor

ሶላር ስርሓት

klimë

ኩነታት አየር

kamarier
አሰላፊ

menu
ካርታ
መግብታት

karrige
መንበር

supë
መረቅ

pica
ፒትሳ

set ngrënieje
መመታተሪ

mbulesë tavoline
ክዳን ጣውላ

pjatë e parë
ቅድም ቀንዲ መግቢ

pjatë kryesore
ቀንዲ መኣዲ

ëmbëlsirë
ድሕረ መግቢ

pije
መስተ

ushqim
መግቢ

shishe
ጥርሙዝ

ushqim i shpejtë

ስሱጥ መግቢ.

ushqim i shërbyer në rrugë

መግቢ. ጽርግያ

ibrik çaji

ብርጭቆ ሻሂ

kuti sheqeri

ታኒካ ሹኮር

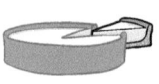

racion

ክፋል

makinë kafeje ekspres

ማሺን ኤስፕረሶ

karrige e lartë

ነዊሕ መንበር

faturë

ጻብጻብ

tabaka

ታብለት

thika

ካራ

pirun

ፉርከታ

lugë

ማንካ

lugë çaji

ማንካ ሻሂ

pecetë

ሰርቪየተ

gotë

ብኬሪ

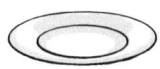

pjatë

ሸሓኒ

pjatë supe

ሸሓኒ መረቕ

pjatë filxhani

ትሕቲ ኩባያ

salcë

ጸብሒ

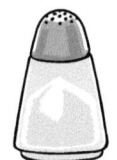

mbajtëse kripe

ወሃቢ ጨው

mulli piperi

መጥሓን በርበረ

uthull

ኣቾቶ

vaj

ዘይቲ

erëza

ቀመም

keçap

ከቻፕ

mustardë

ኣድሪ

majonezë

ማዮኔዝ

supermarket

ሱፐርማርከት

ofertë speciale
ወፈያ
FOR
klient
ዓሚል
produkte bulmeti
ፍርያታት ጸባ
frut
ፍረታት
karrocë pazari
ሰረገላ ዱኳን

BUTCHERS

dyqan mishi

እንዳ ስጋ

BAKERY

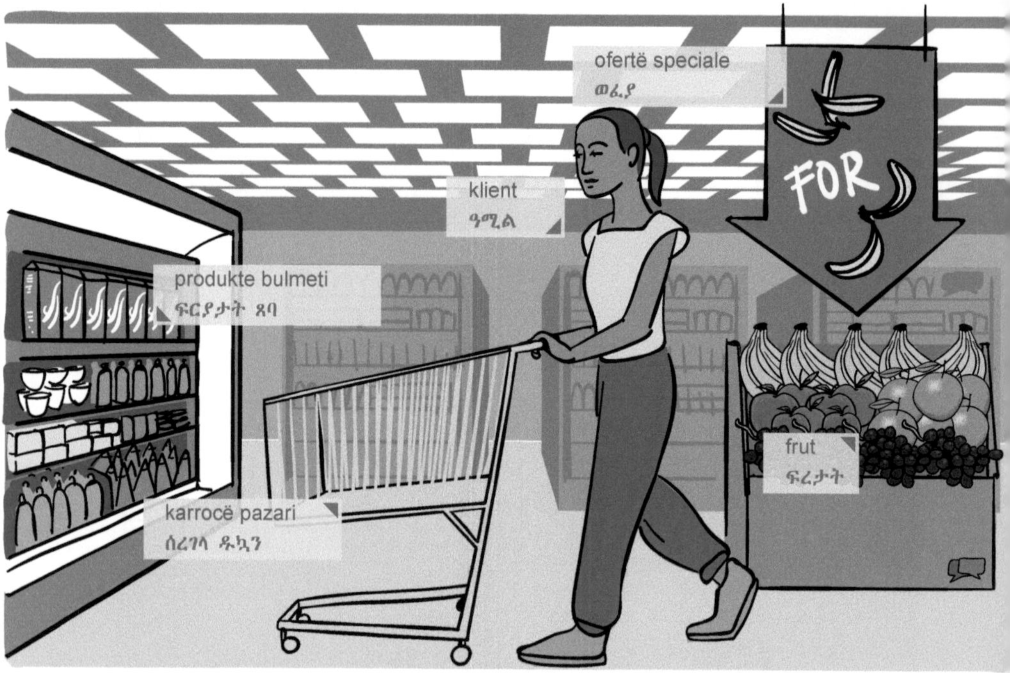

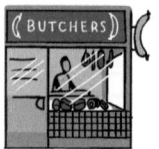

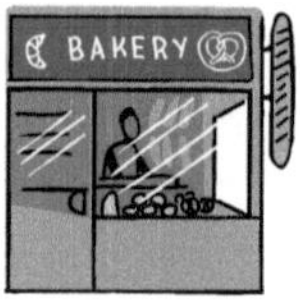

furrë buke

እንዳ ባኒ

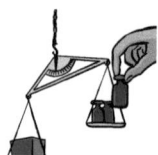

peshoj

ክብደት

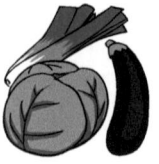

perime

ኣሕምልቲ

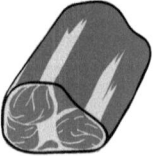

mish

ስጋ

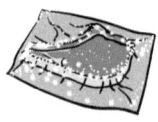

ushqim i ngrirë

መግቢ ፍሪጅ በረድ

copë

ዝሑል ቅሩብ መግቢ

ushqim i konservuar

እስታጥላ

pluhur larës

ኦሞ

ëmbëlsirat

ምቁር መግቢ

prodhime shtëpie

ዘቤታውያን ኣቕሑ

produkte pastrimi

ናውቲ መጽረዪ

shitëse

ሸቃጣይ

kasë fiskale

ካሳ

arkëtar

ተሓዝ ገንዘብ

listë blerjeje

ዝርዝር ምግዛእ

oraret e punës

ክፉት ሰዓታት

portofol

ማሕፉዳ

kartë krediti

ክሬዲት ካርድ

çantë

ሳንጣ

qese plastike

ፌስታል

ujë

ማይ

lëng frutash

ድማፍሩ

qumësht

ጸባ

koka-kola

ኮላ

verë

ነቢት

birrë

ቢራ

alkool

አልኮል

kakao

ካካው

çaj

ሻሂ

kafe

ቡን

kafe ekspres

ኤስፐረሶ

kapuçino

ካፑቺኖ

banane

ባናና

mollë

ቱፋሕ

portokalle

አራን፺

pjepër

ብርጭቆ

limon

ለሚን

karrotë

ካሮት

hudhër

ጸዕዳ ሽጉርቲ

bambu

ባምቡስ

qepë

ሽጉርቲ

kërpudha

ቅንጥሻ

arra

ፉል

makarona

ፓስታ

spageti

ስፓጌቲ

oriz

ሩዝ

sallatë

ሰላጣ

patate të skuqura

ቅልዋ ድንሽ

patate të skuqura

ቅሉው ድንሽ

pica

ፒትሳ

hamburger

ሃምቡርገር

sanduiç

ፓኒኖ

shnicel

ቢስተካ

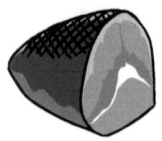

proshutë

ሰለፍ ሓሰማ

sallam

ሳላሚ

salçiçe

ግዕዝም

pulë

ደርሆ

skuq

ቀለወ

peshk

ዓሳ

tërshërë

ገዓት

drithëra

ሙስሊ

kornfleiks

ኮርንፍለይክስ

miell

ሓርጭ

kruasant

ክሮሶን

panine

ባኒ

bukë

ባኒ

tost

ቶስት

biskotë

ብሽኩቲ

gjalp

ጠስሚ

gjizë

ርጎ

tortë

ፓስተ

vezë

እንቋቑሖ

vezë sy

ቅሉው እንቋቑሖ

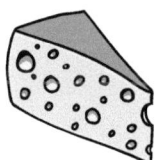

djathë

ፋርማጆ

akullore

አይስ ክሪም

sheqer

ሽኩር

mjaltë

መዓር

marmaladë

ጅም

çokokrem

ኑጋት-ክሪም

këri

ኩሪ

shtëpi fermë
ቤት ሕርሻ

deng bari
ሓሰር ቦንዳ

hangar
መኽዘን

fushë
ግራት

kal
ፈረስ

rimorkio
ተስሓቢ

kërriç
ዒሉ

traktor
ትራክተር

gomar
አድጊ

qengj
ዕየት

dele
በጊዕ

dhi

ጤል

lopë

ብዕራይ

viç

ምራኽ

derr

ሓሰማ

derrkuc

ውላድ ሓሰማ

dem

አርሓ

patë

ዓሳ

rosë

ማይ ደርሆ

zog pule

ጫቁፈት

pulë

ደርሆ

gjel

ኣርሓ ደርሆ

mi

ኣንጪዋ ዓባይ

mace

ድሙ

mi

ኣንጭዋ

buall

ብዕራይ

qen

ከልቢ

kolibe qeni

ኣጎዶ ከልቢ

zorrë vaditëse

ቱባ ጆርዲን

vaditëse

መዝፈፊ ማይ

kosë

ዓቢ ማዕጺድ

plug

ማሕረሻ

drapër

ማዕጺድ

shat

ጭነ̱ኼር

kosa

መስአ

sëpatë

ፋስ

karrocë

ዓረብያ ኢድ

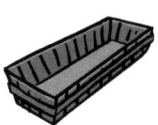

govatë

ጋብላ

bidon qumështi

ብርጭቆ ጸባ

thes

ከሻ

gardh

ሓጹር

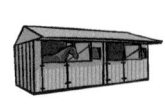

ahur

መንሰስ

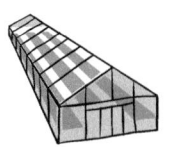

serë

ቆጠልያ ገዛ

dhe

ባይታ

farë

ዘርኢ

pleh

ድኹዒ

autokombanjë

ዘጣምር ቀውዓይ

korr

ቀውዕ

te korrat

ጸማ

patate e ëmbël "Yam"

ድንሽ ያም

grurë

ስርናይ

soja

ሶያ

patate

ድንሽ

misër

ዕፉን

raps

ራፕስ

pemë frutore

ገረብ ፍረታት

zhardhok manioku

ማኒኦክ

drithëra

ኣእኻል

shtëpi

ገዛ

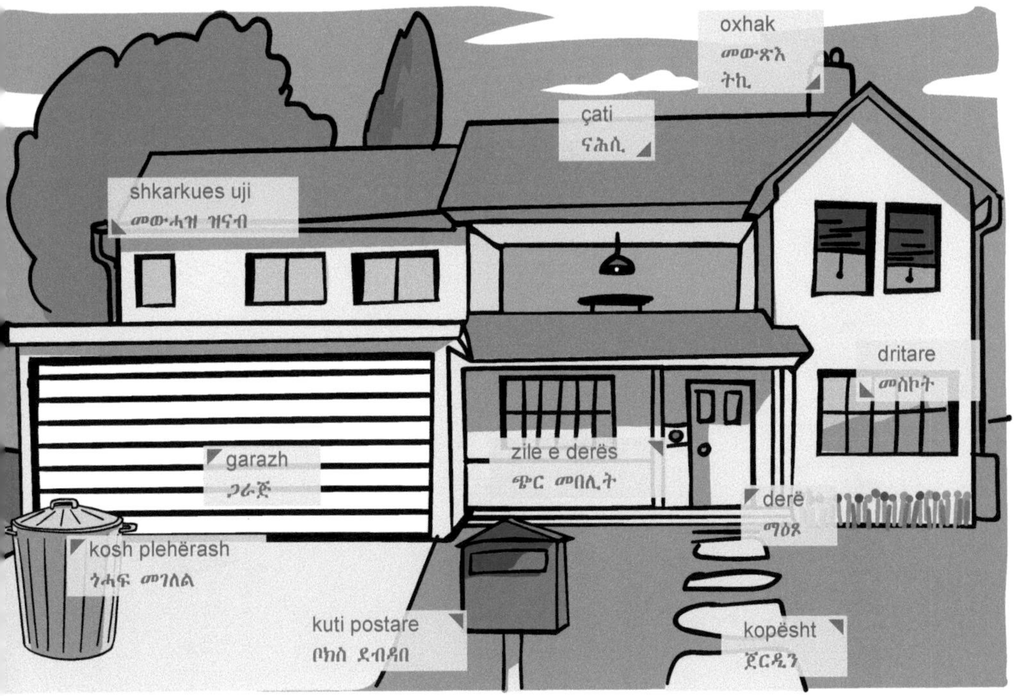

oxhak
መውጽእ ትኪ
çati
ናሕሲ
shkarkues uji
መውሓዝ ዝናብ
dritare
መስኮት
garazh
ጋራጅ
zile e derës
ጭር መበሊት
derë
ማዕጾ
kosh plehërash
ጎሓፍ መገለል
kuti postare
ቦክስ ደብዳበ
kopësht
ጀርዲን

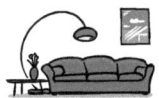

dhomë ndenjeje

ክፍሊ ምቕማጥ

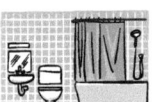

tualet

ክፍሊ ባንዮ

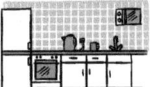

kuzhinë

ክሽነ

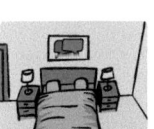

dhomë gjumi

ክፍሊ መደቀሲ

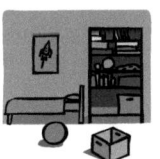

dhomë fëmijësh

ክፍሊ ቆልዑ

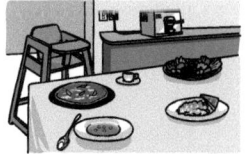

dhomë ngrënicje

መመገቢ ክፍሊ

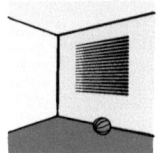

dysheme

ባይታ

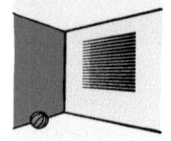

mur

መንደቅ

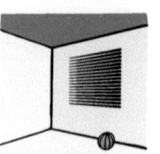

tavan

ከበርታ

bodrum

ካንቲና

sauna

ሳውና

ballkon

ባልኮን

tarracë

ዛላ

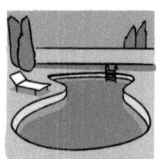

pishinë

መሕምበሲ

kositëse bari

መቛረጺ ሳዕሪ

çarçaf

አንሶላ ዓራት

kuvertë

ከበርታ ዓራት

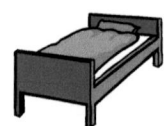

krevat

ዓራት

fshesë dore

መኹስተር

kovë

መገለል

çelës

መወልዒት

dhomë ndenjeje

ክፍሊ ምቕማጥ

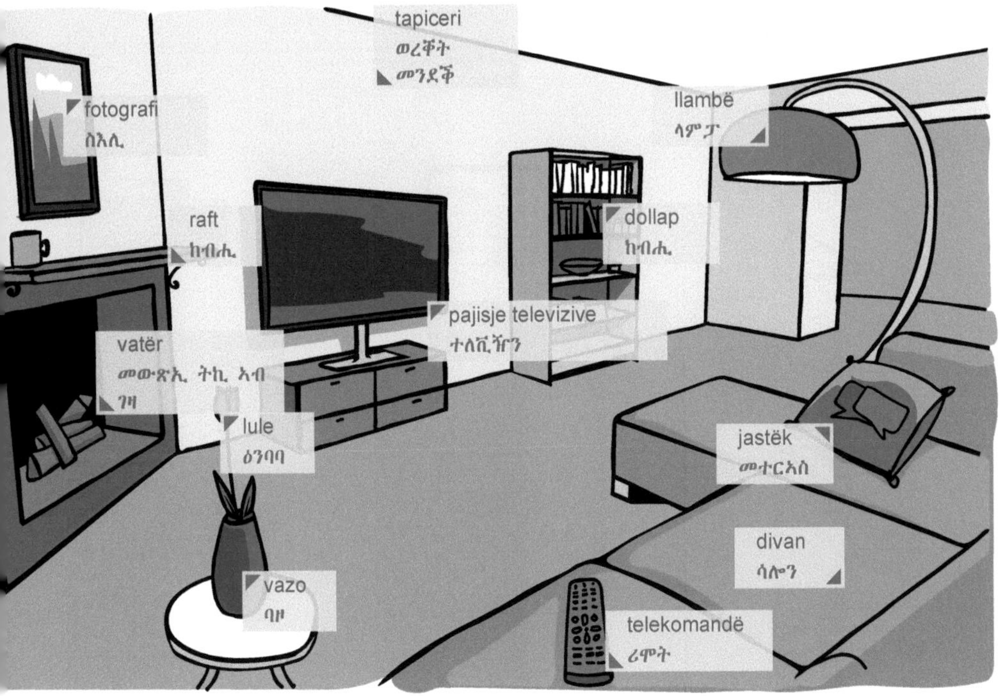

tapiceri
ወረቐት
መንደቕ
fotografi
ስእሊ
llambë
ላምፓ
raft
ከብሒ
dollap
ከብሒ
pajisje televizive
ተለቪዥን
vatër
መውጽኢ ትኪ ኣብ
ገዛ
lule
ዕንባባ
jastëk
መተርኣስ
divan
ሳሎን
vazo
ባዞ
telekomandë
ሪሞት

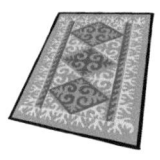

qilim

መንጸፍ

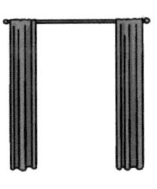

perde

መጋረጃ

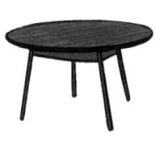

tavolinë

ጣውላ

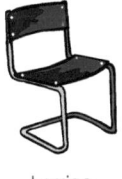

karrige

መንበር

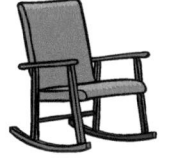

karrige lëkundëse

ሰለል ዝብል መንበር

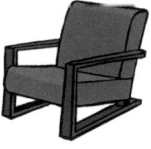

kolltuk

መንበር ምቹእ

libri

መጽሐፍ

batanije

ከቦርታ

zbukurime

ስልማት

dru zjarri

እንጨይቲ ሓዊ

film

ፊልም

stereo

ስተሪዮ

çelës

መፍትሕ

gazetë

ጋዜጣ

pikturë

ቅብአ

afishe

ፖስተር

radio

ሬድዮ

bllok shënimesh

ጥራዝ

fshesë me korent

መልገሲ ደሮና

kaktus

በለስ

qiri

ሸምዓ

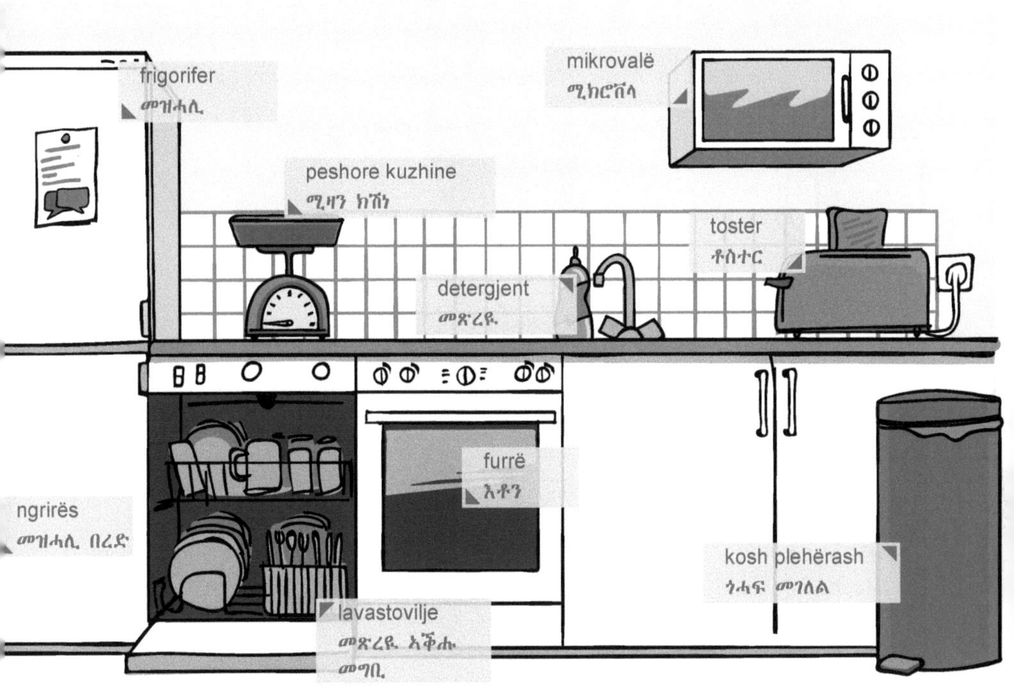

frigorifer
መዝሓሊ

mikrovalë
ሚክሮቨላ

peshore kuzhine
ሚዛን ክሽን

toster
ቶስተር

detergjent
መጽረዪ

furrë
እቶን

ngrirës
መዝሓሊ. በረድ

kosh plehërash
ጎሓፍ መገለል

lavastovilje
መጽረዪ እቕሑ
መግቢ

sobë

መኽሸኒ

tenxhere

ድስቲ

tenxhere me kapak

ድስቲ ሓጺን

tiqan special (Wok)

ቆኸ/ካዳይ

tigan

ባደላ

çajnik

መውዓዪ ማይ

tenxhere me avull

መፍልሒ

tavë pjekjeje

ንቡራ ምስንካት

enë

ኣቕሑ መግቢ

filxhan

ብርጭቆ

tas

ጻሓሎ

shkopinj

ማንካቸና

garuzhde

ማንካ መረቕ

spatul

መገልበጢ ባደላ

tel kuzhine

መኸስተር ውርጪ

kulluese

መንፈት መግቢ

sitë

መንፈት

rende

መፋሕፍሒ

havan

ሞርታር

skarë

ባርቢክዩ

zjarr

ስፍራ ሓዊ

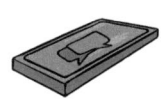

dërrasë për prerje

እንጨይቲ ምምታC

okllai

እንጨይቲ ኩረC

heqëse tapash

መኽፈት ቡሽ

kanaçe

ታኒካ

hapëse kanaçeje

መኽፈቲ ታኒካ

rrobë për të kapur tenxheren

ጨርቂ ዶስቲ

lavaman

ቡምባ

furçë

አስባስላ

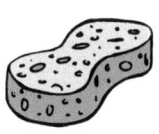

sfungjer

ሰፍነግ

përzjerës

ሓዋሲ. አደባላቒ

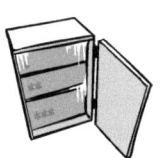

ngrirës

መዝሓሊ. በረድ

biberon për lëngje

ጥርሙዝ ማማይ

rubinet

ቡምባ ማይ

ngrohje
መውዓዪ

dush
መሕጸቢ ሻወር

peshqirë
ሽጎማኖ

perde dushi
ሻወር መጋረጃ

vaskë me shkumë
መሕጸቢ ዓፍራ

vaskë
ባኞ መሕጸቢ

gotë
ብኬሪ

lavatriçe
ሓጸቢት

pllaka
ማቶነላ

rubinet
ቡምባ ማይ

oturak
ድስቲ

lavaman
ቡምባ

tualet

ሽቓቕ

WC e sheshtë

ሽቓቕ ኮፍ

bide

በዱ

tualet publik

ሽቓቕ ተባዕታይ

letër higjienike

ወረቐት ሽቓቕ

furçe për WC

አስባስላ ሽቓቕ

furçë dhëmbësh

አስባስላ ስኒ

pastë dhëmbësh

ክሬማ ስኒ

fije dentare

ሃሪ ስኒ

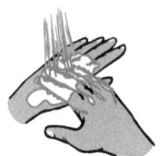

laj

ሓጸበ

dorezë dushi

ዱሽ ኢድ

larës për zonën intime

ዱሽ

legen

ብርጭቆ ምሕጸብ

furçë për masazh shpine

አስባስላ ሕቖ

sapun

ሳምና

shampo trupi

ሻወር ጀል

shampo

ሻምፑ

leckë pastruese

ጨርቂ መሕጸቢ

kullues

መውሓዚ

krem

ክሬማ

antidjersë

ደዮ ጨና

pasqyrë

መስትያት

pasqyrë dore

ናይ ኢ.ድ መስትያት

brisk rroje

መላጸ

shkumë rroje

ዓፍራ ምልጸይ

locion pas rrojes

ጨና ድሕሪ ምልጸይ

krehër

መመሸጥ

furçë

አስባስላ

tharëse flokësh

መንቆጺ ጸጉሪ

llak për flokët

ስፕረይ ጸጉሪ

grim

መመላኽዒ

buzëkuq

ብርዒ ቀለም ከንፈር

manikyr

አዝማልቶ

mbushje pambuku

ጸምሪ ጡጥ

gërshërë për thonj

መስደዲ ጽፍሪ

parfum

ጨና

ntë për sendet personale

ሳንጣ መሕጸቢ.

Stol

ድኳ

peshore

ሚዛን

robëdëshambër

ክዳን መሕጸቢ.

dorashka gome

ጓንቲ መጸረዪ.

tampon

ታምፖን

peceta higjienike

ጨርቂ ሰበይቲ

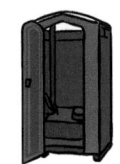

tualet I lëvizshëm

ሽቓቕ ከሚስትሪ

orë me zile
አላርም መተስኢ

lodra me pellushë
መጻወቲ እንስሳ

makinë lodër
መጻወቲ መኪና

rraketake
ኢሕኢሕ መበሊ

shtëpi kukullash
ቤት ባምቡላ

dhuratë
ህያብ

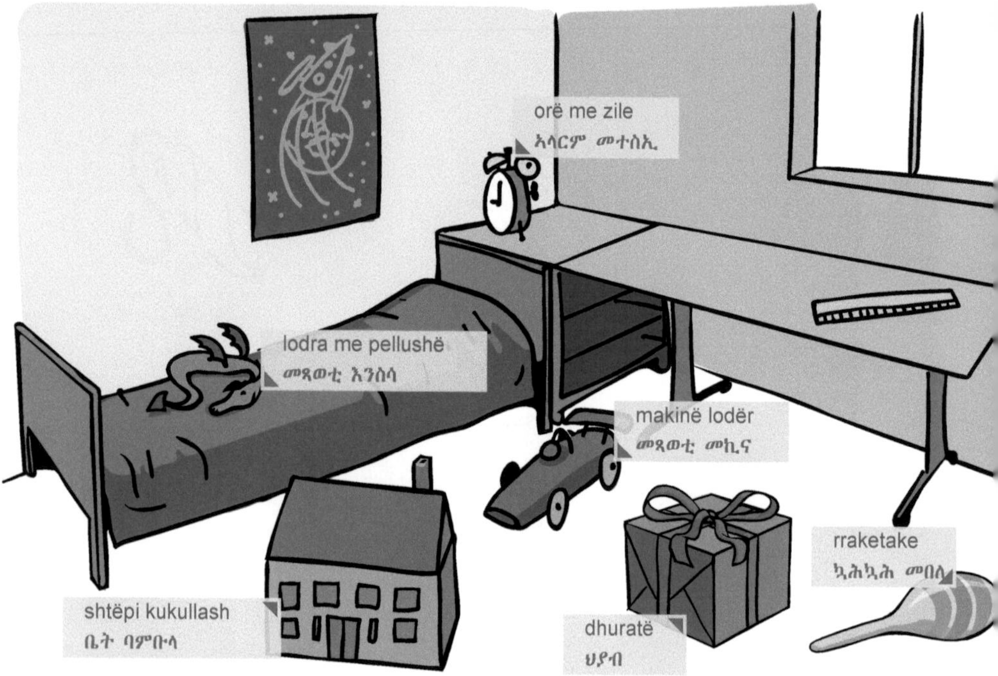

tollumbace
ባላንቺና

krevat
ዓራት

karrocë fëmijësh
ሰረገላ ህጻን

lojë me letra
ጸወታ ካርታ

bashkim pjesësh me figura
ሕንቅሊተይ

komik
ኮሜዲ

formuese lodër

እምንታት መጻወቺ ለጎ

kuba plastikë

መጻወቺ እምንታት

lodra

በጓል አክቶን

badi

ክዳን ማማይ

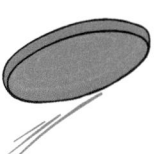

frizbi

ፍሪስቢ

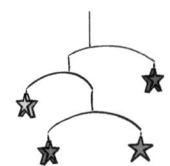

lodra të varura tek krevati i fëmijëve

ሞባይል ማማይ

tavolinë lojërash

ጻወታ ሰሌዳ

zare

ኩቦ

model treni

ሞደል ባቡር ምድሪ

biberon

ዓባስ

festë

ፓርቲ

libër me ilustrime

መጽሓፍ ስእሊ

top

ኩዕሶ

kukull

ባምቡላ

luaj

ተጻወት

grumbull rëre

መጻወቲ ሑጻ

kolovarëse

ሰላል

lodra

መጻወቲታት

leva për lojra video

ኮንሶል ቪድዮ

triçikël

መጻወቲ ሰለስተ መንኮርኮር

arush prej pellushi

ተዲ

garderobë

ከብሒ ክዳን

veshje

ክዳን

çorape

ካልስታት

çorape të gjata

ነዊሕ ካልስታት

geta

ስረ ካልሲ

44   veshje - ክዳን

shall
ሻርባ

rrip
ቁልፊ

çadër
ጽላል

bluzë pa jakë
ማልያ

çizme
ረፋዕ

pantofla
ጫማ ገዛ

atlete
ስኒከርስ

sandale	këpucë	çizme llastiku
ሽበጥ	ጫማ	ረፋዕ ጎማ

të mbathura	reçipeta	kanotierë
ሙታንታ	ከዳን ጡብ	ትሕተ ካሚቻ

trup

ቦዲ

pantallona

ስሪ

xhinse

ጄንስ

fund

ቀምሽ

bluzë

ካምቻ

këmishë

ካሚቻ

pulovër

ጉልፌ

triko

ጎልፌ

xhaketë

ጃኬት

xhaketë

ጃከት

pallto

ጁባ

mushama shiu

ከዳን ዝናብ

kostum

ኮስቱም

fustan

ቀምሽ

fustan nusërie

ቀምሽ መርዓ

kostum

ልብሲ.

këmishë nate

ካሚቻ ለይቲ

pizhama

ክዳን ለይቲ

sari (veshje tradicionale
indiane)

ሳሪ

shami koke

መሃረብ ርእሲ.

çallmë

ቱርባን

shje për femrat e besimit
musliman

ቡርካ

kaftan (lloj veshjeje
tradicionale)

ካፍታን

ferexhe

አባያ

kostum banje

ክዳን መሕምበሲ.

rroba banje

ስረ መሕምበሲ.

pantallona të shkurtra

ሓጺር ስረ

tuta sporti

ክዳን ታዕሊም

përparëse

በጃ ክዳን

dorashka

ጓንቲ

kopsë

መልጎም

syze

መነጽር

byzylyk

በንናጅር

gjerdan

ማዕተብ

unazë

ቀለበት

vath

ኩትሻ

kapuç

ቆብዕ

varëse për pallto

መንበሪ ጃባ

kapele

ባርኔጣ

kravatë

ካርራሻት

zinxhir

ሻርነጣ

helmetë

ሀልመት

tiranda

መድልደል ስረ

uniformë shkolle

ድቢዛ ቤትትምህርቲ

uniformë

ድቢዛ

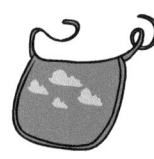

gushore

ሰደርያ ቆልዓ

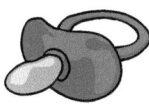

biberon

ዓባስ

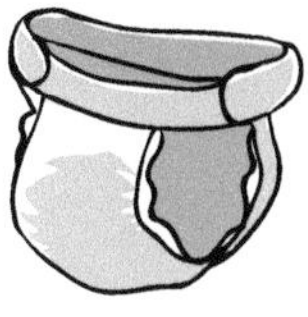

pelenë

ጨርቂ ማማይ

zyrë

ቤት ጽሕፈት

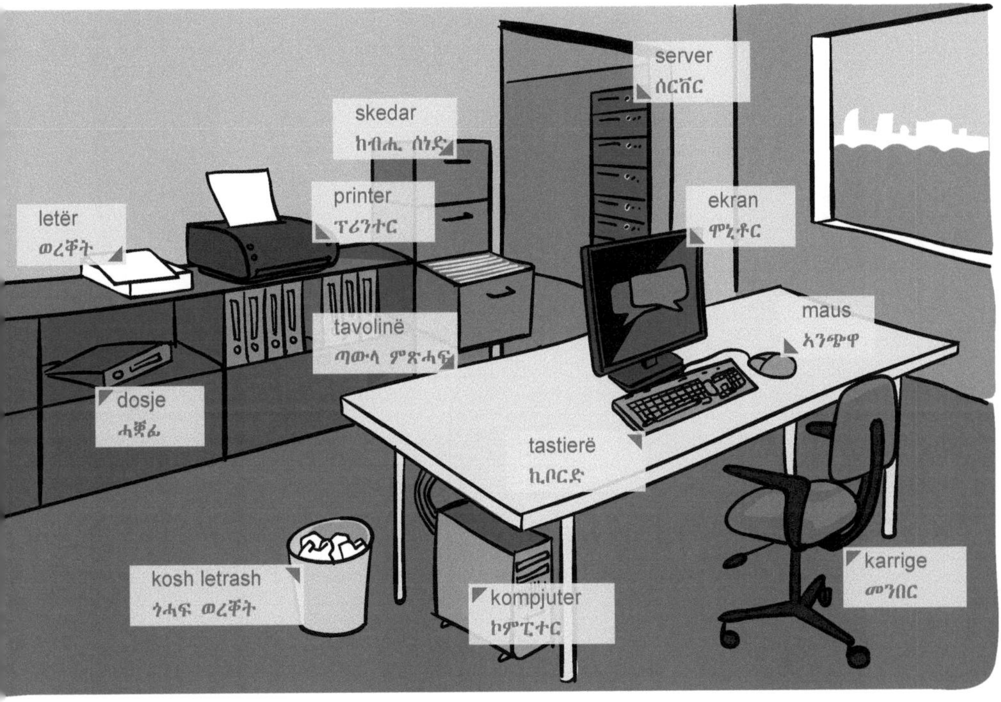

server
ሰርቨር
skedar
ከብሒ ሰነድ
printer
ፕሪንተር
letër
ወረቐት
ekran
ሞኒቶር
maus
ኣንጭዋ
tavolinë
ጣውላ ምጽሓፍ
dosje
ሓቛፊ
tastierë
ኪቦርድ
kosh letrash
ጎሓፍ ወረቐት
kompjuter
ኮምፒተር
karrige
መንበር

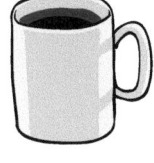

filxhan kafeje

ብርጭቆ ቡን

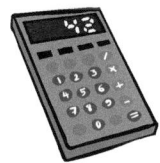

makinë llogaritëse

ካልኩለተር

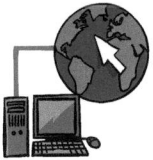

ınternet

ኢንተርነት

kompjuter portativ

ለፕቶፕ

letër

ደብዳበ

mesazh

መልእኽቲ

telefon

ሞባይል

rrjet

ነትወርክ/መርበብ

fotokopje

መቕድሒ ፎቶኮፒ

program

ሶፍትዌር

telefon

ተለፎን

prizë

ሶከት ኣረንቲ

pajisje faksi

ፋክስ

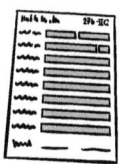

formular

ፎርም

dokument

ሰነድ

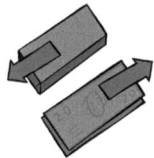

blej

ገዝአ

paguaj

ከፈለ

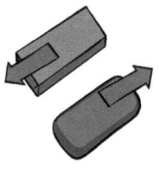

tregtoj

ንግዲ

para

ገንዘብ

dollar

ዶላር

euro

አይሮ

jen

የን

rubla

ሩብል

franga zvicerane

ስዊዝ ፍራንከን

juani kinez

ረንሚንቢ ዩዋን

rupje

ሩፕየ

bankomat

መውጽኢ ማሽን ገንዘብ

pikë këmbimi valutor

ቦታ ቅያር ገንዘብ

ar

ወርቂ

argjend

ብሩር

nafta

ዘይቲ

energji

ሓይሊ

çmim

ዋጋ

kontratë

ውዕል

taksë

ቀረጽ

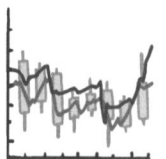

aksione

እኩብ ጥሪ-ነገራት

punoj

ሰርሐ

punonjës

ሰራሕተኛ

punëdhënës

አስራሒ

fabrikë

ትካል

dyqan

ዱኳን

profesionet
ሞያታት

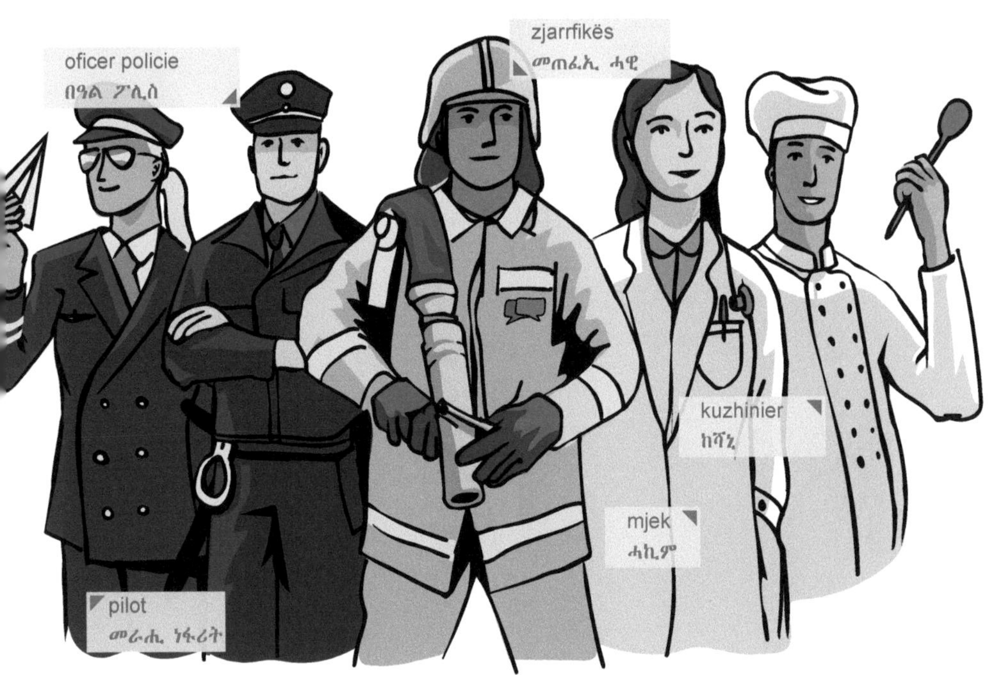
oficer policie
በዓል ፖሊስ
zjarrfikës
መጠፊኢ ሓዊ
kuzhinier
ክሻኒ
mjek
ሓኪም
pilot
መራሒ ነፋሪት

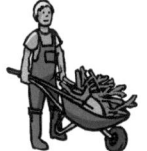

kopshtar
ሰራሕተኛ ጀርዲን

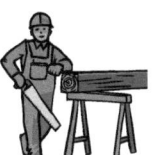

marangoz
ጸራቢ ዕንጸይቲ

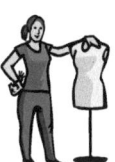

rrobaqepëse
ሰፋይት

gjykatës
ፈራዳይ

kimist
ቀማሚ

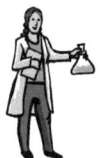

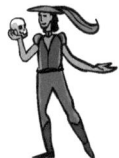

aktor
ተዋሳኢ

shofer autobuzi

መራሒ ኣዉቶቡስ

taksist

ኣውቲስታ ታክሲ

peshkatar

ገፋፊ ዓሳ

pastruese

ጸራጊት

riparues çatish

ሃናጻይ ናሕሲ

kamarier

ኣሰላፊ

gjuetar

ሃዳናይ

piktor

ሰኣላይ

furrxhi

እንዳ ሕብስቲ

elektriçist

ኤለትሪከኛ

ndërtues

ሃናጺ ኣባይቲ

inxhinier

ሃንዳሲ

kasap

ሰራሕተኛ እንዳ ስጋ

hidraulik

ድራብሊኮ

postieri

ኣማላላሲ ፖስጣ

ushtar

ወታደር

arkitekt

መሃንድስ

arkëtar

ተሓዝ ገንዘብ

luleshitës

ሰራሕተኛ ዕምባባ

berber

ቀም ቃማይ

kontrollor

ፈተሪኖ

mekanik

መካኒክ

kapiten

መራሒ መርከብ

dentist

ሓኪም ስኒ

shkencëtar

ተመራማሪ

rabin

ራቢ

imam

ኢማም

murg

ፈላሲ

klerik

ቀሺ

mjete

ናውቲ

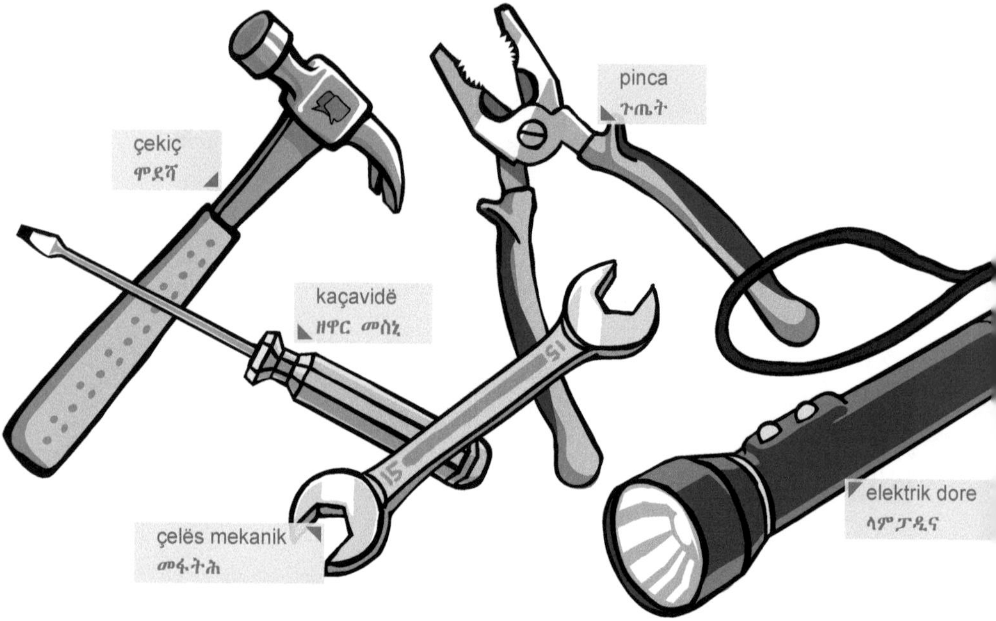

pinca
ጉጤት
çekiç
ሞደሻ
kaçavidë
ዘዋር መስኒ
çelës mekanik
መፋትሕ
elektrik dore
ላምፓዲና

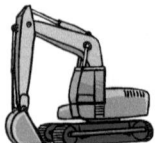

ekskavator

ፈሓሪ

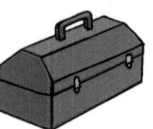

kuti veglash

ናውቲ ቦክስ

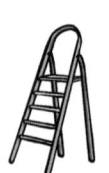

shkallë

መደያይቦ

sharrë

መጋዝ

gozhdë

መስማር

trapan

ኲዓቲ

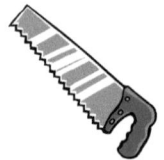

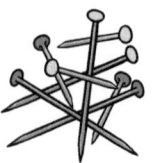

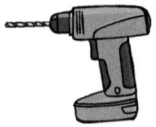

riparoj

ምዕራይ

lopatë

ባደላ

Dreq!

ኣይ!

kaci

መትሓዚ ዶሮና

kuti boje

ድስቲ ቀለም

vidhë

ካቻቢተ

instrumenta muzikorë
መሳርሒ ሙዚቃ

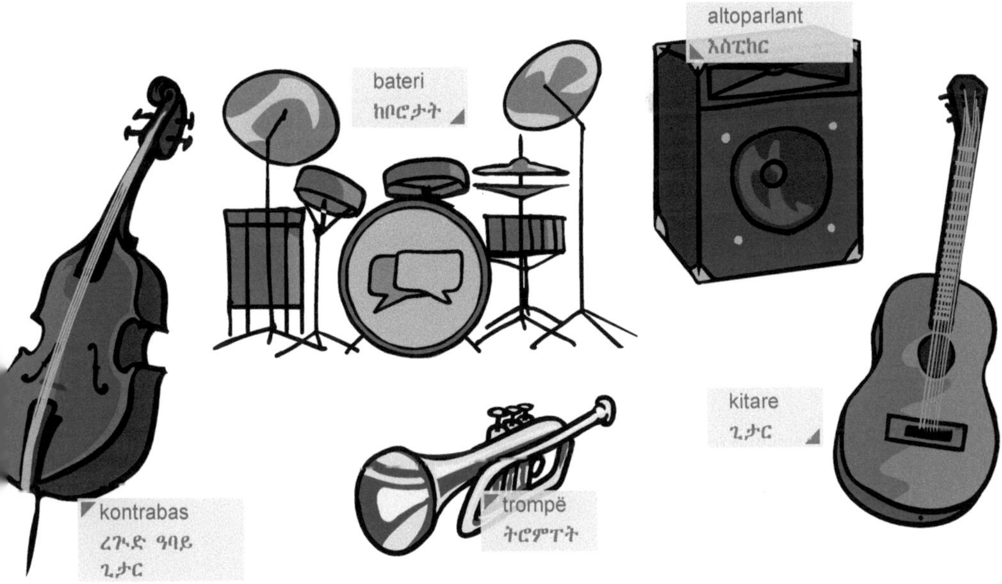

bateri
ከበሮታት

altoparlant
እስፒከር

kontrabas
ረጉድ ዓባይ
ጊታር

trompë
ትሮምፔት

kitare
ጊታር

piano

ፒያኖ

violinë

ቪዮሊን

bas

ባስ ጊታር

tamburë

ቲምንኢ

daulle

ከበሮ

tastierë pianoje

ኦርጋን

saksofon

ሳክሶፎን

flaut

ሻምብቆ

mikrofon

ሚክሮፎን

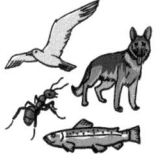

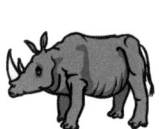

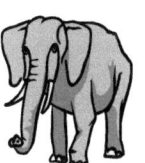

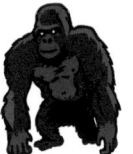

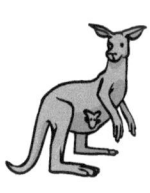

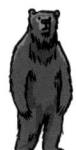

kopsht zoologjik

መካነ እንስሳታት

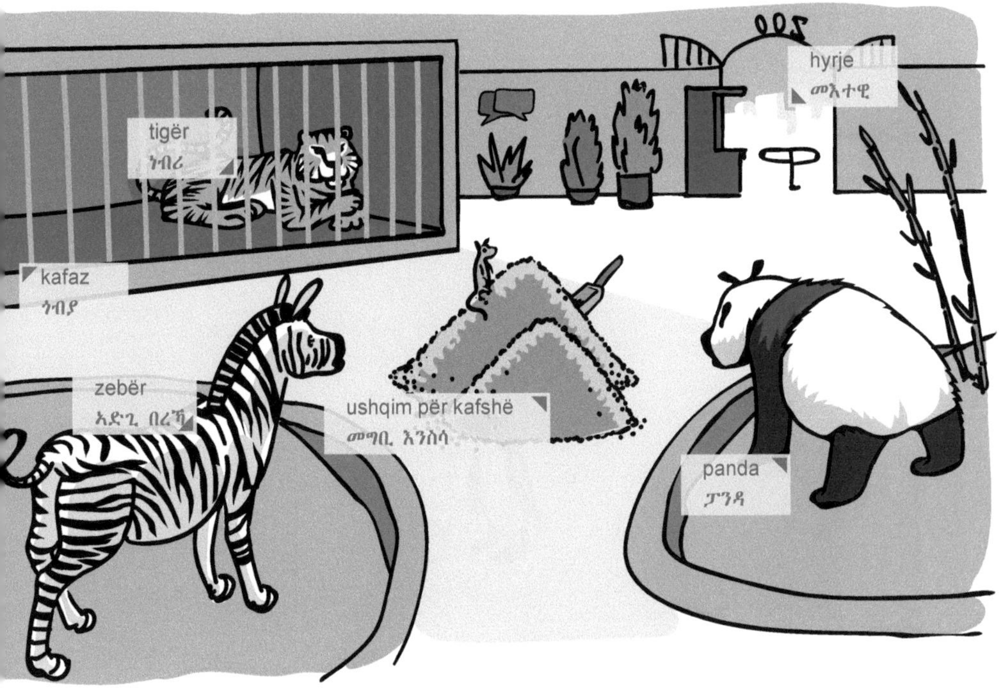

tigër
ነብሪ
hyrje
መእተዊ
kafaz
ጎብያ
zebër
ኣድጊ በረኻ
ushqim për kafshë
መግቢ እንስሳ
panda
ፓንዳ

kafshë

እንስሳታት

elefant

ሓርማዝ

kangur

ካንጋሩ

rinoceront

ሓሪሽ

gorillë

ጉሪላ

ari

ድቢ

deve

ገመል

struc

ሰጎን

luan

አንበሳ

majmun

ህበይ

flamingo

ፍላሚንጎ

papagall

ሕንጻይ

ari polar

ድቢ በረድ

pinguin

ፐንጒን

peshkaqen

ከልቢ ዓሳ

pallua

ጣውስ

gjarpër

ተመን

krokodil

ሓርጌጽ

punonjës i kopshtit zoologjik

ሓላዊ ቤት ገርድሽ

fokë

ዓሳ ዚምገብ እንስሳ ባሕሪ

xhaguar

ጃጓር

poni

ሓጹር ፈረስ

leopard

ነብሪ

hipopotam

ጉማሬ

gjirafë

ጂራፍ

shqiponjë

ሲላ

derr i egër

መፍለስ

peshk

ዓሳ

breshkë

ጎብየ

lopë deti

ዋልሩስ

dhelpër

ወኸርያ

gazelë

ሰስሓ

futboll amerikan
ናይ ኣሜሪካ ኩዕሶ እግሪ

çiklizëm
ምዝዋር ብሽግለታ

tenis
ተኒስ

basketboll
ባስከትባል

not
ምሕምባስ

boks
ቦክሲንግ

hokej mbi akull
ሆኪ በረድ

futboll

ኩዕሶ እግሪ

badminton

ባድሚንተን

atletikë

እስፖርታዊ ንጥፈታት

hendboll

ኩዕሶ ኢድ

ski

ስኪ

polo

ፖሎ

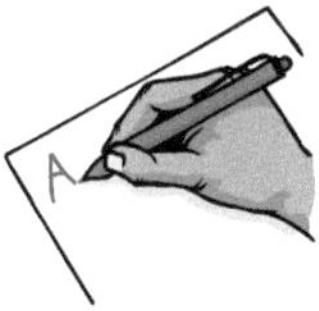

hidhem ነጠረ

përqafoj ሐቀፈ

qesh ሰሓቐ

këndoj ደረፈ

eci ከደ

lutem ጸለየ

puth ሰዓመ

ëndërroj ሓለመ

shkruaj
ጸሓፈ

vizatoj
ሰኣለ

tregoj
ኣርኣየ

shtyj
ደፍአ

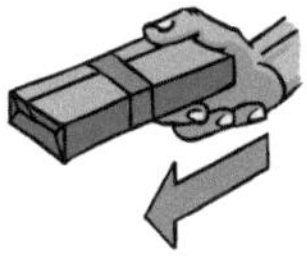

jap
ሃበ

marr
ወሰደ

kam

አለዉ

bëj

ገበረ

jam

ኮነ

qëndroj

ጠጠዉ በለ

vrapoj

ጎየየ

tërheq

ሰሓበ

hedh

ሰንደወ

bie

ወደቐ

shtrihem

ሓሰወ

pres

ተጸበየ

mbaj

ሰከም

ulem

ኮፍ በለ

vishem

ተኸድነ

fle

ደቀሰ

zgjohem

ተስአ

aktivitet - ንጥፈታት

shikoj

ረአየ

qaj

በኸየ

përkëdhel

ብኣጻብዑ ደረዘ

kreh

መሸጠ

bisedoj

ተዛረበ

kuptoj

ተረድአ

kërkoj

ሓተተ

dëgjoj

ሰምዐ

pi

ሰተየ

ha

በልዐ

sistemoj

አቐመጠ

dashuroj

አፍቀረ

gatuaj

ከሸነ

drejtoj makinën

ዘወረ

fluturoj

ነፈረ

lundroj

ብመርከብ ገየሽ

llogaris

ደመረ

lexoj

አንበበ

mësoj

ተመሃረ

punoj

ሰርሐ

martohem

መርዓወ

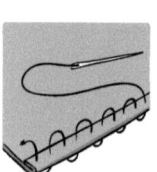

qep

ሰፈየ

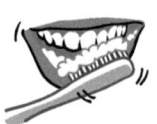

laj dhëmbët

ጽሬት አስናን

vras

ቀተለ

tymos

ሽጋራ ተከኸ

dërgoj

ሰደደ

familje

ስድራቤት

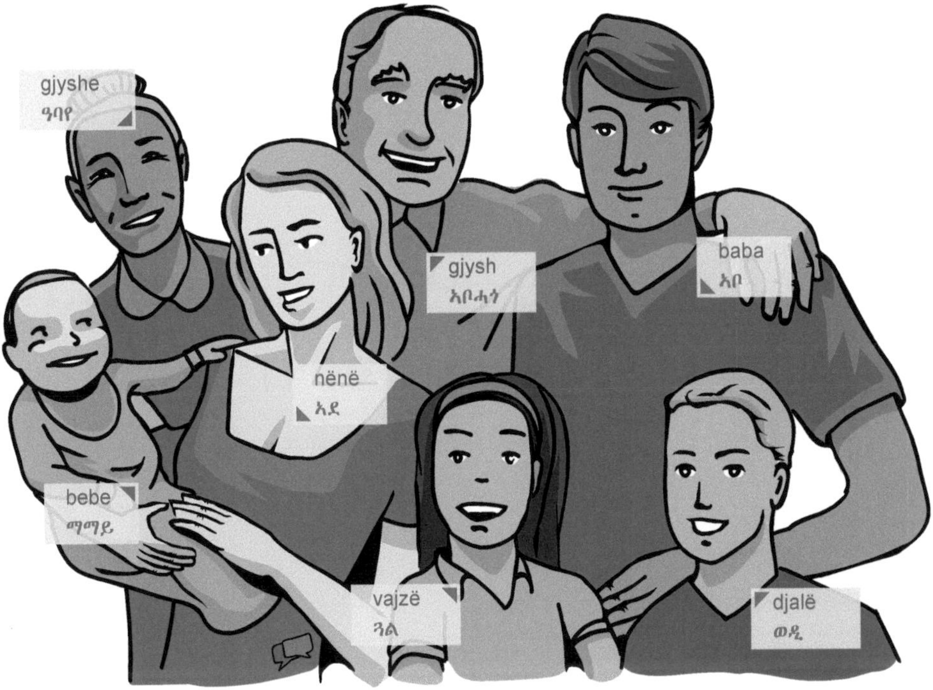
gjyshe
ዓባየ
gjysh
ኣቦሓጎ
baba
ኣቦ
nënë
ኣደ
bebe
ማማይ
vajzë
ጓል
djalë
ወዲ

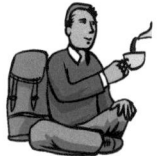

mysafir

ጋሻ

teze, hallë

ሓትኖ

dajë, xhaxha

ኣኮ

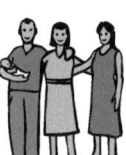

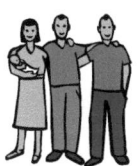

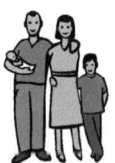

vëlla

ሓው

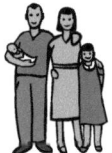

motër

ሓፍቲ

trupi

ኣካላት

balli
ግንባር
syri
ዓይኒ
shpatulla
መንኩብ
gishti
ኣጻብዕ
fytyra
ገጽ
mjekra
መንከስ
dora
ኢድ
krahërori
ኣፍ-ልቢ
këmba
ሽፋን እግሪ
krahu
ምናት

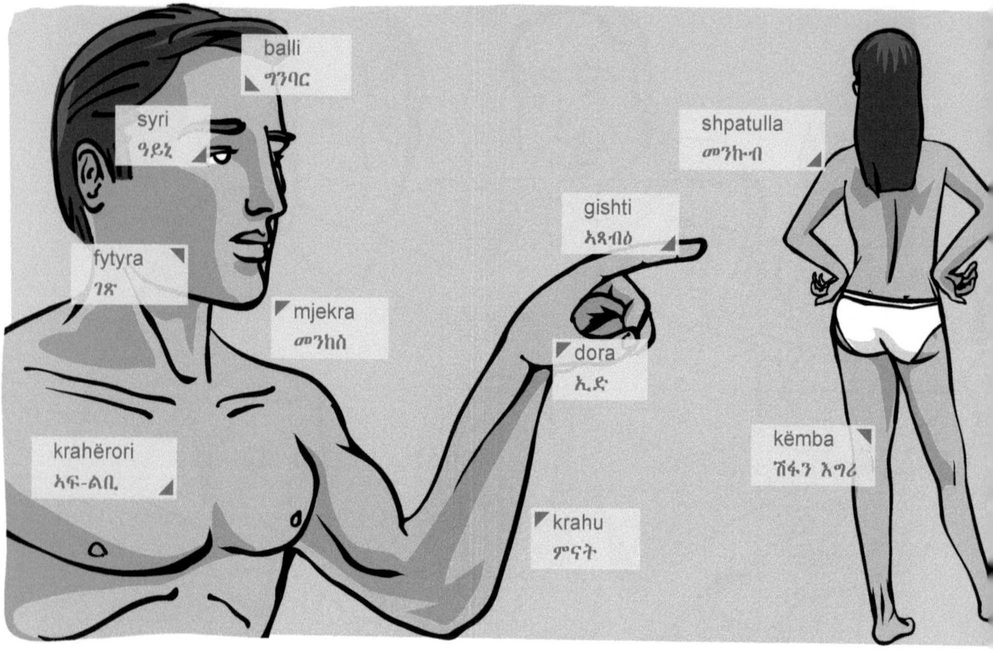

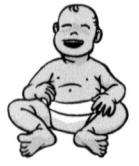

bebe
ማማይ

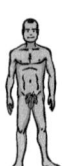

burrë
ሰብኣይ

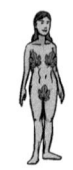

grua
ሰበይቲ

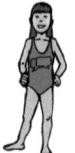

vajzë
ጓል

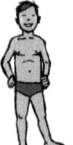

djalë
ወዲ

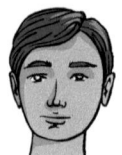

koka
ርእሲ

shpina

ሕቘ

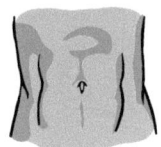

barku

ከስዐ

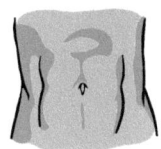

kërthiza

ሕምብርቲ

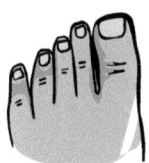

gisht këmbe

ኣጻብዕ እግሪ

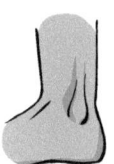

Thembra

ኩርኵረ

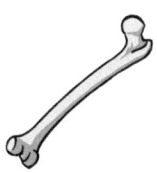

kockë

ዓጽሚ

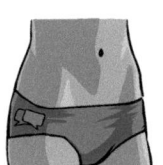

legeni

ምሕኩልቲ

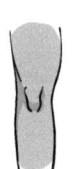

gjuri

ብርኪ

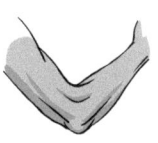

bërryli

ፍግፍጕ

hunda

ኣፍንጫ

vithe

መዓኮር

lëkura

ቆርበት

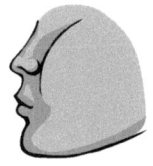

faqja

ምዕጕርቲ

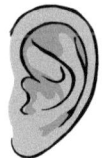

veshi

እዝኒ

buza

ከንፈር

goja

አፍ

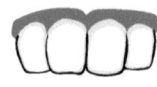

dhëmbët

ስኒ

gjuha

መልሓስ

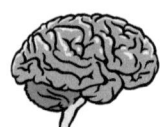

truri

ሓንጎል

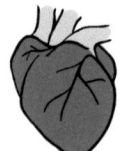

zemra

ልቢ

muskul

ጭዋዳ

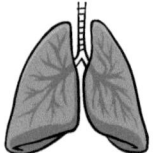

mushkëria

ሳንቡእ

mëlçia

ጸላም ከብዲ

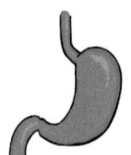

stomaku

ከብዲ

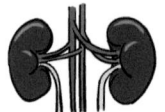

veshka

ኮሊት

seks

ግብረ ስጋ

prezervativ

ኮንዶም

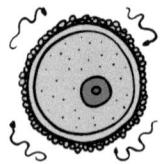

veza

እንቋቍሓ

sperma

ዘርኢ ተባዕታይ

shtatëzani

ጥንሲ

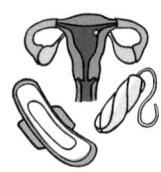

menstruacione

ጽግያት

vagina

ርሕሚ

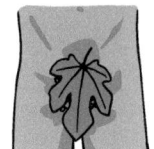

penis

መትሎ

vetulla

ሽፋሽፍቲ

flokët

ጸጉሪ

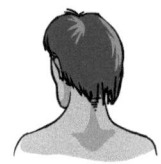

qafa

ክሳድ

spital

ሆስፒታል

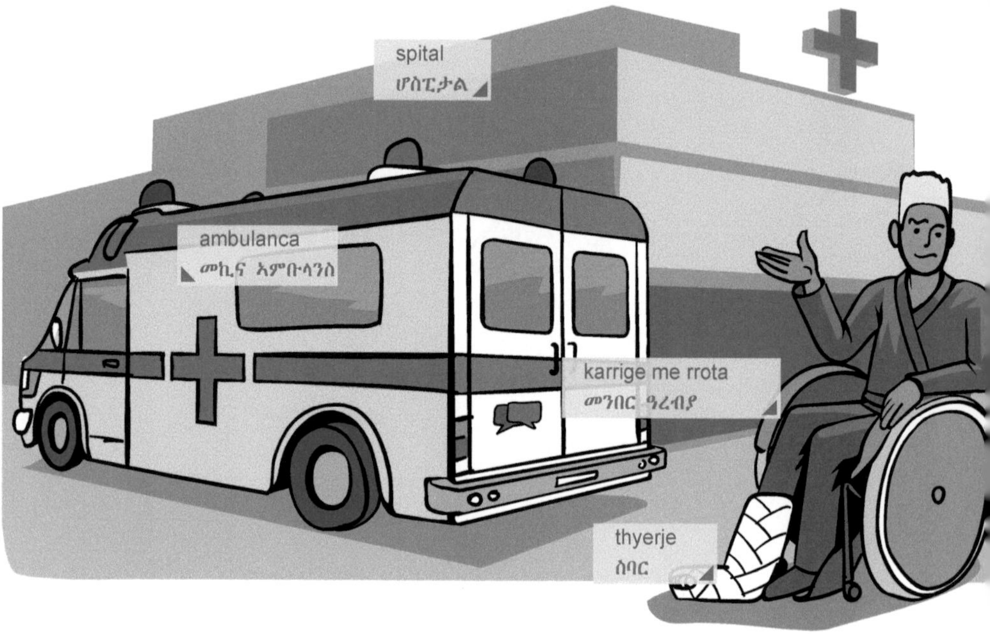

spital
ሆስፒታል
ambulanca
መኪና ኣምቡላንስ
karrige me rrota
መንበር ዓረብያ
thyerje
ስባር

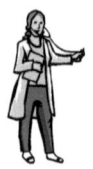

mjek

ሓኪም

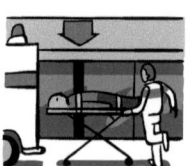

sallë urgjencash

ክፍሊ ህጹጽ ረድኤት

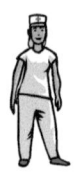

infermiere

ኣላይት

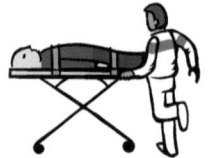

emergjencë

ህጹጽ ኩነት

i pandërgjegjshëm

ውነኡ ዘጥፍአ

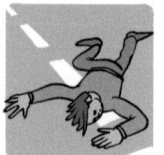

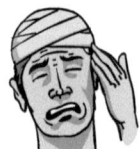

dhimbje

ቃንዛ

dëmtim

ጉድኣት

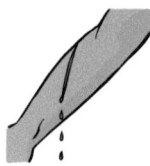

gjakosje

ደም

infarkt

ማህረምቲ

goditje

ማህረምቲ

alergji

አለርጂ

kolla

ሰዓል

ethe

ረስኒ

grip

ኡንፍልወንዛ

diarre

ውጽኣት

dhimbje koke

ቃንዛ ርእሲ

kancer

መንሽሮ

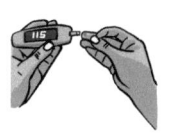

diabet

ሹኮርያ

kirurg

ሓኪም መጥባሕቲ

bisturi

መጥብሒ

operacion

መጥባሕቲ

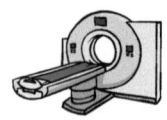

CT (skaner)

CT

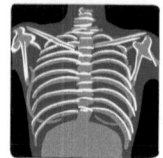

radiografi

ራዲ

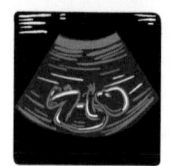

ultratingull

ልዕለ ድምጻዊ

maskë fytyre

መሸፈኒ ገጽ

sëmundje

ሕማም

dhomë pritjeje

ክፍሊ ምጽባይ

paterica

ምርኩስ

leukoplast

መጅነኒ ቐስሊ

fasho

መጅነኒ

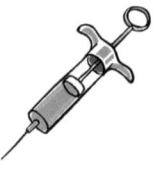

injeksion

መርፍዕ ምውጋእ

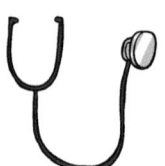

stetoskop

ስተቶስኮፕ

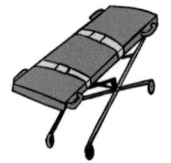

barelë

መሰከሚ ሕማም

termometër

ቴርሞመተር

lindje

ትውልዲ

mbipeshë

ልዕለ-ሚዛን

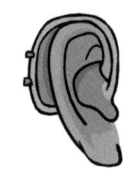

aparat dëgjimi

ሓገዝ ምስማዕ

dezinfektant

ኣንጻሂ

infeksion

ልበዳ

virus

ቫይረስ

HIV / AIDS

ኤድስ

mjekësi, mjekim

ሕክምና

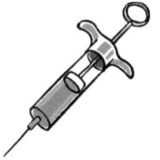

vaksinim

ክታብ

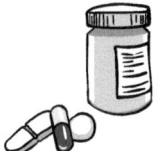

tableta

ክኒና

pilulë

ክኒና

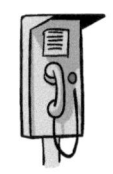

elefonatë emergjence

ህጹጽ ምድዋል

aparat tensioni

መዕቀኒ ጸቕጢ ደም

i sëmurë / i shëndetshëm

ሕሙም / ጥዑይ

Ndihmë!

ሓገዝ

alarm

ኣላርም

sulm

ምህጃም

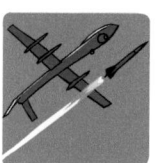

atak

መጥቃዕቲ

rrezik

ድንገት

dalje emergjence

ህጹጽ መውጽኢ

Zjarr!

ሓዊ!

fikëse zjarri

መጥፍኢ ሓዊ

aksident

ሓደጋ

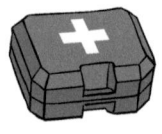

kuti e ndimës së shpejtë

ሳንጣ ቀዳማይ ረድኤት

SOS

SOS

policia

ፖሊስ

Europa

ኤውሮጳ

Amerika e Veriut

ሰሜን አሜሪካ

Amerika e Jugut

ደቡብ አሜሪካ

Afrika

አፍሪቃ

Azia

ኤስያ

Australia

አውስትራልያ

Atlantiku

አትላንቲክ

Paqësori

ፓሲፊክ

Oqeani Indian

ህንዳዊ ዉቅያኖስ

Oqeani Antarktik

አንታርቲካዊ ዉቅያኖስ

Oqeani Arktik

አርክቲካዊ ዉቅያኖስ

Poli i veriut

ሰሜናዊ ዋልታ

Poli i Jugut

ደቡባዊ ዋልታ

Antarktida

አንታርቲካ

toka

ምድሪ

tokë

መሬት

det

ባሕሪ

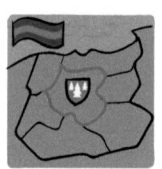

ishull

ደሴት

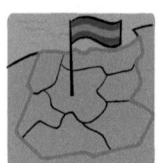

komb

ህገር

shtet

ዓዲ

fusha e orës

ገጽ ሰዓት

akrepi i orës

አመልካቲ ሰዓታት

akrepi i minutave

አመልካቲ ደቓይቕ

akrepi i sekondave

አመልካቲ ካልኢት

Sa është ora?

ሰዓት ክንደይ አሎ?

ditë

መዓልቲ

kohë

ግዜ

tani

ሕጂ

orë dixhitale

ዲጂታል ሰዓት

minutë

ደቒቕ

orë

ሰዓት

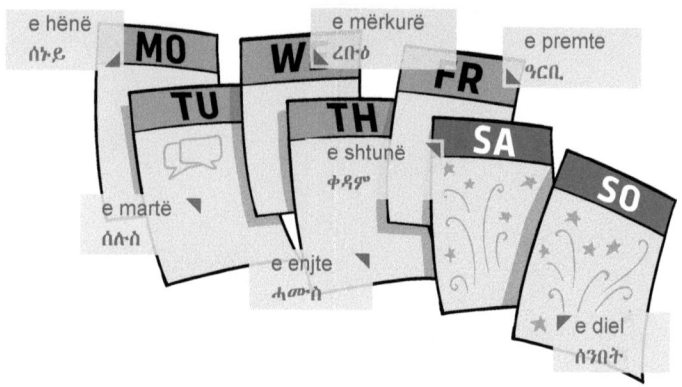

e hënë · ሰኑይ
e mërkurë · ረቡዕ
e premte · ዓርቢ
e martë · ሰሉስ
e shtunë · ቀዳም
e enjte · ሓሙስ
e diel · ሰንበት

dje

ትማሊ

sot

ሎሚ

nesër

ጽባሕ

mëngjes

ንጉሆ

mesditë

ቀትሪ

mbrëmje

ምሸት

MO	TU	WE	TH	FR	SA	SU
1	2	3	4	5	6	7
8	9	10	11	12	13	14
15	16	17	18	19	20	21
22	23	24	25	26	27	28
29	30	31	1	2	3	4

ditë pune

መዓልታት ስራሕ

MO	TU	WE	TH	FR	SA	SU
1	2	3	4	5	6	7
8	9	10	11	12	13	14
15	16	17	18	19	20	21
22	23	24	25	26	27	28
29	30	31	1	2	3	4

fundjavë

መወዳእታ ሰሙን

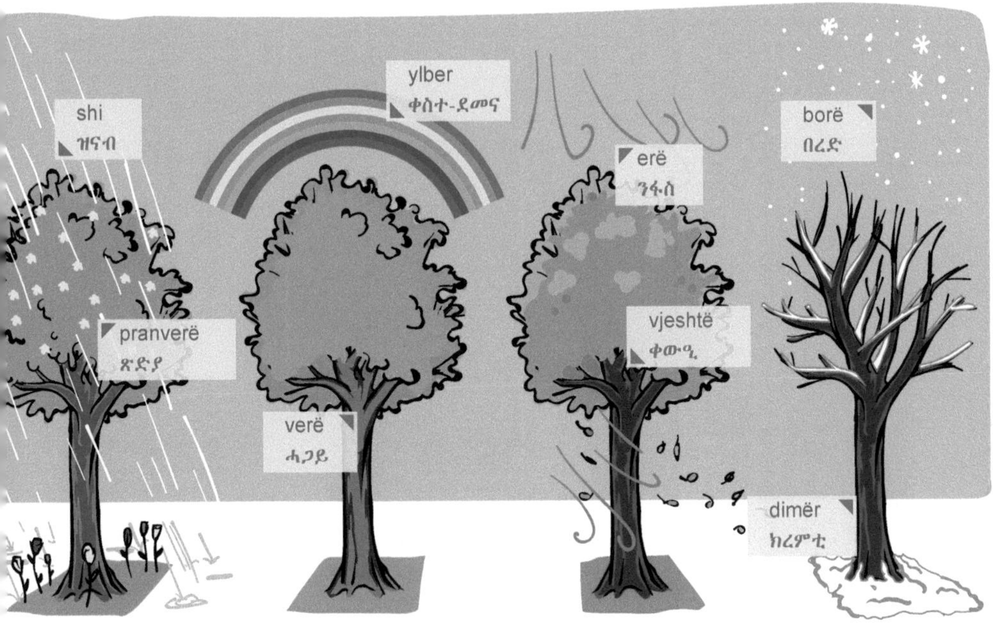

shi
ዝናብ
ylber
ቀስተ-ደመና
erë
ንፋስ
borë
በረድ
pranverë
ጽድያ
vjeshtë
ቀውዒ
verë
ሓጋይ
dimër
ክረምቲ

4.APRIL 11°
5.APRIL 4°
6.APRIL 13°
7.APRIL 8°
8.APRIL 10°

parashikimi i motit
ትንቢት ኩነታት ኣየር

F C
120 40
90 30
60 20
30 10
0 0
-30 -10
-20

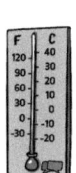

termometër
ቴርሞመተር

ndriçim dielli
ብርሃን ጸሓይ

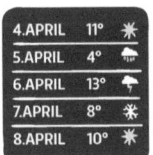

re
ደበና

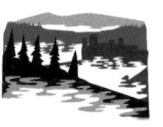

mjegull
ግመ

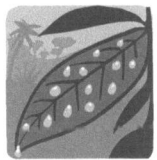

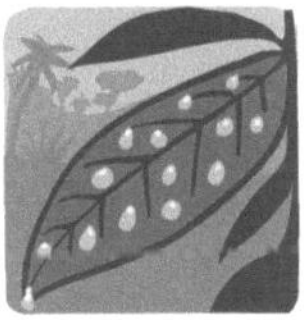

lagështi
ጠሊ

vetëtima

ብርቂ

gjëmim

ነጕዳ

stuhi

ህቦብላ

breshër

በረድ

muson

ብርቱዕ ህቦብላ

përmbytje

ውሕጅ

akull

በረድ

janar

ጥሪ

shkurt

ለካቲት

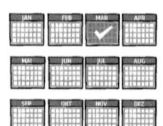

mars

መጋቢት

prill

ሚያዝያ

maj

ግንቦት

qershor

ሰነ

korrik

ሓምለ

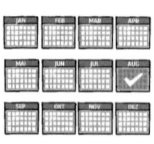

gusht

ነሓሰ

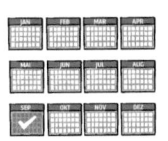

shtator

መስከረም

tetor

ጥቅምቲ

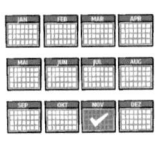

nëntor

ሕዳር

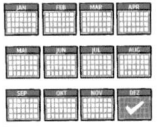

dhjetor

ታሕሳስ

rreth

ዙርያ

katror

ትርብዒት

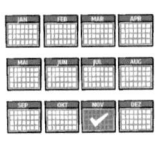 

drejtkëndësh

ቅኑዕ ርቡዕ ኵርናዕ

trekëndësh

ስሉስ ኵርናዕ

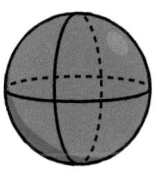

sferë

ክቢ.

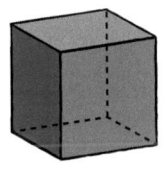

kub

ኩብ

e bardhë

ጸዕዳ

e verdhë

ብጫ

portokalli

ኣራንሺ

rozë

ፒንክ

e kuqe

ቀይሕ

vjollcë

ጁኽ

blu

ሰማያዊ

e gjelbër

ቀጠልያ

kafe

ቡናዊ

gri

ሓሙኽሽታይ

e zezë

ጸሊም

shumë / pak

ብዙሕ / ውሑድ

i nevrikosur / i qetë

ሕሩቕ / ሰላማዊ

i bukur / i shëmtuar

ጽቡቕ / ክፉእ

fillim / fund

መጀመርያ / መወዳእታ

i madh / i vogël

ዓቢ / ንእሽቶ

i ndritshëm / i errët

ብሩህ / ጸልማት

vëlla / motër

ሓው / ሓፍት

e pastër / e pistë

ጽሩይ / ርሳሕ

e plotë / jo e plotë

ምሉእ / ዘይምሉእ

ditë / natë

መዓልቲ / ለይቲ

gjallë / vdekur

ሙዉት / ህልው

i gjerë / i ngushtë

ሰፊሕ / ጸቢብ

i ngrënshëm / i pangrënshëm

ደስ ዘበል / ደስ ዘይብል

i keq / i këndshëm

እኩይ / ህያዋይ

i lumtur / i mërzitur

ርቡጽ / ስልኩይ

i shëndoshë / i dobët

ረጊድ / ቀጢን

e para / e fundit

ቀዳማይ / ናይ መወዳእታ

mik / armik

ዓርኪ / ጸላኢ

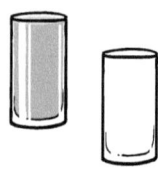

plot / bosh

ምሉእ / ባዶ

e fortë / e butë

ተሪር / ልስሉስ

e rëndë / e lehtë

ከቢድ / ፈኩስ

uri / etje

ጥምየት / ጽምየት

i sëmurë / i shëndetshëm

ሕሙም / ጥዑይ

e paligjshme / e ligjshme

ዘይሕጋዊ / ሕጋዊ

i zgjuar / budalla

መስተውዓሊ / ስዲ

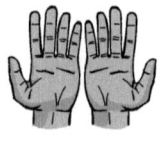

majtas / djathtas

ጸጋም / የማን

afër / larg

ቐረባ / ርሑቕ

e re / e përdorur

ሓዲሽ / ብሉይ

asgjë / diçka

ዋላ ሓደ / ገለ

i moshuar / i ri

ዓቢ/ኣረጊት / መንእሰይ

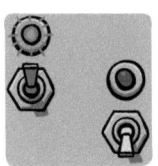

ndezur / fikur

ወልዕ / ኣጥፍእ

hapur / mbyllur

ክፉት / ዕጹው

i qetë / i zhurmshëm

ህዱእ / ዓው

i pasur / i varfër

ሃብታም / ድኻ

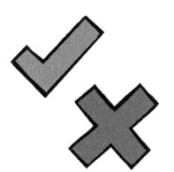

e drejtë / e gabuar

ቅኑዕ / ግጉይ

i ashpër / i butë

ሓርፋፍ / ልሙጽ

i mërzitur / i lumtur

ጉሁይ / ሕጉስ

i shkurtër / i gjatë

ሓጺር / ነዊሕ

ngadalë / shpejt

ቀስ / ቅልጡፍ

i lagësht / i thatë

ጥሉል / ንቑጽ

ngrohtë / freskët

ምዉቕ / ዝሑል

luftë / paqe

ውግእ / ሰላም

0

zero

ዜሮ

1

një

ሓደ

2

dy

ክልተ

3

tre

ሰለስተ

4

katër

ኣርባዕተ

5

pesë

ሓሙሽተ

6

gjashtë

ሽዱሽተ

7

shtatë

ሸውዓተ

8

tetë

ሸሞንተ

9

nentë

ትሽዓተ

10

dhjetë

ዓሰርተ

11

njëmbëdhjetë

ዓሰርተ ሓደ

12

dymbëdhjetë
....
ዓሰርተ ክልተ

13

trembëdhjetë
....
ዓሰርተ ሰለስተ

14

katërmbëdhjetë
....
ዓሰርተ ኣርባዕተ

15

pesëmbëdhjetë
....
ዓሰርተ ሓሙሽተ

16

gjashtëmbëdhjetë
....
ዓሰርተ ሽዱሽተ

17

shtatëmbëdhjetë
....
ዓሰርተ ሸውዓተ

18

tetëmbëdhjetë
....
ዓሰርተ ሸሞንተ

19

nentëmbëdhjetë
....
ዓሰርተ ትሽዓተ

20

njëzetë
....
ዕስራ

100

qind
....
ሚእቲ

1.000

mijë
....
ሽሕ

1.000.000

milion
....
ሚልዮን

anglisht

እንግሊዝኛ

anglishte amerikane

አመሪካዊ እንግሊዛዊ

kinezisht mandarin

ቻይናዊ ማንዳሪን

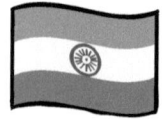

hindi

ሂንዳዊ

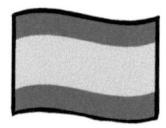

spanjisht

እስጳኛዊ

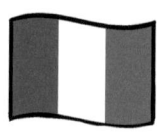

frëngjisht

ፈረንሳዊ

arabisht

ዓረባዊ

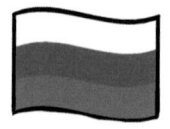

rusisht

ሩሲያዊ

portugalisht

ፖርቱጋላዊ

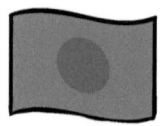

bengalisht

በንጋሊ

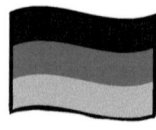

gjermanisht

ጀርመናዊ

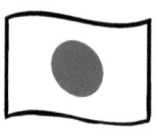

japonisht

ጃፓናዊ

unë

አነ

ti

ንስኻ/ኺ

♂ ♀ ○

ai / ajo

ንሱ / ንሳ / ንሱ

ne

ንሕና

ju

ንስኻ

ata

ንሳቶም

kush?

መን?

çfarë?

እንታይ?

si?

ከመይ?

ku?

አበይ?

kur?

መዓስ?

HELLO, I AM

emër

ሽም

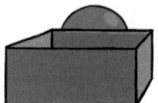

pas

ድሕሪ

në

ኣብ

përballë

ኣብ ቅድሚ

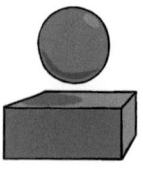

sipër

ኣብ ላዕሊ

mbi

ኣብ ልዕሊ

poshtë

ትሕቲ ምድሪ

pranë

ኣብ ጥቓ

midis

ኣብ መንጎ

vend

ቦታ